책을 더 **재미있게**, 책을 더 **오래** 기억하는 방법
다산어린이 공식 카페에는 다양한 독서 활동 자료가 있습니다.
자료를 활용하여 아이들의 독서 흥미를 더욱 키워 주세요.

다산어린이 공식 카페

글 다인

어린이들이 좋은 책을 읽고 자기만의 멋진 꿈을 가지게 되길 소망하는 작가입니다.
세상을 따뜻한 시선으로 바라보며 희망을 얘기하는 글을 쓰기 위해 지금 이 순간에도
최선을 다해 노력하고 있습니다.

글 이준범

어린이 학습 만화 스토리 작가로서 재미와 유익함을 주는 이야기를 쓰고 있습니다.
주요 작품으로는 《브리태니커-파충류와 양서류》, 《LIVE 한국사 시리즈-고구려의 성장과 쇠퇴》,
《코딩맨 엔트리 1~10》, 《who? 스페셜 손석희》 등이 있습니다.

그림 주영휘

만화 창작을 전공하고 학습 만화, 웹툰, 일러스트, 캐리커처를 그리며 활동하고 있습니다.
그린 책으로는 《지상 최고의 마술사》, 《셜록 홈스》, 《LIVE 과학 시리즈-과학 범죄 수사》,
《아이엠 유튜버》, 《우리는 소중한 친구》 등이 있으며, 웹툰 〈퍼스트 러브 머슬〉을 작업했습니다.

감수 권정생 어린이 문화 재단

권정생의 유언을 받들어 세상에 그 뜻을 전하고자 설립되었습니다.
아동 문학을 매개로 어린이들을 만나며 세계의 고통받는 어린이를 위한 사업을 펼치고 있습니다.
권정생의 유산과 저작권 인세 수입은 가난하고 아픈 어린이들의 건강한 성장을 돕고 있습니다.

권정생
Kwon JungSaeng

세상을 떠나는 날까지도 아이들을 위한 사람, 권정생!

우리가 아는 위인전은 대개 "그는 가난한 농부의 아들로 태어났다."로 시작됩니다. 그런 의미에서 권정생은 위인이 아닙니다. 가난한 농부의 아들이 아니었으니 말입니다. 그렇다고 권정생은 요절한 천재도 아닙니다. 평생을 병마와 싸우며 수십 권에 이르는 동화책을 쓰고, 인세를 모두 이 땅의 가난한 어린이들에게 남겼습니다. 그는 그저 가난한 삶을 살며 아이들을 사랑하고 세상을 떠나는 날까지도 아이들을 걱정한 사람일 뿐입니다.

살아생전 아는 이 몇 안 되다가 죽어서 날이 갈수록 빛나는 이름, 권정생!

이것이 우리가 권정생을 기리는 이유입니다.

권정생의 작품은 그의 삶과 닮았습니다. 강아지똥과 같았던 삶이었지만 민들레꽃과 같은 작품을 세상에 남겼습니다.

《who? 스페셜 권정생》은 자서전도 전기도 아닙니다. 후세에 조사하고 연구된 내용을 자료로 삼아 만화로 그리다 보니 과장되거나 생략된 부분도 있을 것입니다.

그럼에도 권정생의 삶 속에서 살아 숨 쉬는 동화와 시의 일부를 만화로 맛볼 수 있는 묘미가 있습니다. 이 점을 감안하고 읽는다면 그 어떤 방법보다도 재미있고 친근하게 권정생을 만나게 될지도 모르겠습니다.

강정규 권정생 어린이 문화 재단 이사

소설가이자 아동 문학가로, '한국 아동 문학인 협회' 회장을 지냈으며 현재 아동 문학 계간지 《시와 동화》를 발행하고 '권정생 어린이 문화 재단'의 이사를 맡고 있습니다.
1974년 《소년》에 아동 소설을 발표하며 작품 활동을 시작했습니다. 대표작으로는 동화 《병아리의 꿈》, 《큰 소나무》, 《작은 도둑》, 동시집 《목욕탕에서 선생님을 만났다》, 《모기네 집》 등이 있습니다.

미래 설계의 힘을 얻는 길이 여기에

어린 시절 만난 한 권의 책이 인생에 미치는 영향이 얼마나 큰지는 꿈을 이룬 사람들을 통해서 알 수 있습니다. 빌 게이츠는 오늘날 자신을 만든 것은 동네의 작은 도서관이었다고 말하고, 오프라 윈프리는 어린 시절 유일한 친구는 책이었음을 고백하며 독서의 중요성에 대해 이야기합니다.

꿈을 이룬 사람들의 공통점은 또 있습니다. 그들에게는 어린 시절, 나만의 특별한 위인이 있었습니다. 버락 오바마, 빌 게이츠, 조앤 롤링, 스티브 잡스 등 세상을 바꾼 사람들의 감동적인 이야기를 담은 〈who?〉시리즈는 어린이들이 희망찬 미래를 그리고 구체적인 목표를 설정할 수 있도록 도와줄 친구이면서 안내자입니다.

송인섭 한국영재교육학회 회장
자기 주도 학습 분야의 최고 권위자로, 숙명여자대학교 명예 교수이자 한국영재교육학회 회장입니다. 한국교육심리연구회 회장, 한국교육평가학회장, 한국영재연구원 원장을 역임했습니다. 자기 주도 학습과 영재 교육의 이론을 실제 교육 현장에 적용하기 위해 노력하고 있습니다.

평생을 이끌어 줄 최고의 멘토를 만나다

국제회의 통역사로 30년 동안 활동하면서 세계적인 리더들을 만났던 저는 대한민국의 초등학생들에게 특별한 조언을 해 주고 싶습니다. 그것은 큰 꿈을 가지라는 것입니다. 꿈은 힘들고 지칠 때 나를 이끌어 주는 힘이고 내 인생의 주인이 되어 일어설 수 있게 하는 원동력이 되어 줍니다. 저 역시 어린 시절 품었던 꿈 덕분에 괴롭고 힘들어도 포기하지 않고 다시 일어설 수 있었습니다.

어린 시절 저에게도 용기를 불어넣어 주고 힘이 되어 주었던 분들이 있었습니다. 지금의 자리로 저를 이끌어 준 멘토들처럼 〈who?〉시리즈에서 여러분의 친구이자 형제, 선생님이 되어 줄 멘토를 만날 수 있기를 바랍니다.

최정화 우리나라 최초 국제회의 통역사
우리나라 최초의 국제회의 통역사로 한국외국어대학교 번역대학원 교수로 재직 중입니다. 세계 무대에서 자신의 꿈을 이룬 여성 신화의 주인공으로, 역시 세계에서 꿈을 펼치려고 하는 소년들에게 멘토의 역할을 충실히 하고 있습니다. 저서로는 《외국어, 내 아이도 잘할 수 있다》,《외국어를 알면 세계가 좁다》,《국제회의 통역사 되는 길》 등이 있습니다.

차례

- 추천의 글 04
- 프롤로그 08

1 도쿄 뒷골목 조선인들 … 10

통합 지식 플러스 1
한국 아동 문학을 이끈 어린이 잡지 … 30

2 첫 번째 전쟁 … 32

통합 지식 플러스 2
일제 강점기의 아동 문학 … 50

3 전쟁 속에서 자라나는 아이들 … 52

통합 지식 플러스 3
권정생과 함께한 사람들 … 70

4 먹고살기 위해 고향을 떠나다 … 72
통합 지식 플러스 4
권정생 어린이 문화 재단 … 90

5 병들어 떠도는 삶 … 92
통합 지식 플러스 5
권정생의 삶과 문학 … 110

6 세상을 깨우는 종소리 … 112
통합 지식 플러스 6
권정생의 대표 작품 … 132

7 아동 문학가 권정생 … 134

생각해 보기
• 인물 돋보기 156   • 인물 연표 158   • 독후 활동 160

경상북도 안동시 일직면 조탑리 빌뱅이 언덕에는

어린이들을 사랑한 작가가 살던 작은 집이 남아 있습니다.

그는 빌뱅이 언덕 오두막집에서 어린이 이야기를 쓰며 누구보다 검소하게 살았습니다.

1장

도쿄 뒷골목 조선인들

* **오자미** 헝겊에 콩 따위를 넣고 봉해서 공처럼 만든 것

* **삯바느질** 돈을 받고 해 주는 바느질

* **행복한 왕자** 아일랜드 작가 오스카 와일드가 쓴 동화

썩은 걸 버렸는지, 멀쩡한 걸 먹었는지 내가 어떻게 아니?

너 아무래도 쫓겨나 봐야 정신 차리겠구나!

아주머니, 잘못했어요. 다시는 안 그럴게요.

가난한 조선인 아이들은 주로 일본인 집에서 식모나 심부름꾼을 하며 지냈는데, 나쁜 주인을 만나면 고생이 심했습니다.

이래서 조선인들은 안 된다니까! 가난해서 남의 나라에 왔으면 똑바로 해야 할 거 아니야?

> 통합 지식 플러스 1

한국 아동 문학을 이끈 어린이 잡지

1910년대까지 우리나라에서 아동 문학이라는 개념은 분명하지 않았어요. 아동의 권리에 대한 의식도 뚜렷하지 않았답니다. 1920년대부터 아동 문학을 일으키려는 움직임이 활발해졌지요. 그럼 한국의 아동 문학이 싹트는 과정을 자세히 살펴볼까요?

어린이 잡지 발간

- 《소년》

1908년 최남선이 《소년》이라는 잡지를 처음 발간해요. 최남선은 우리나라 최초의 신체시 〈해에게서 소년에게〉를 발표한 시인으로, 《소년》은 우리나라 최초의 근대 월간 계몽 잡지입니다. 이를 아동 문학의 출발이라고 보지요. 계몽은 어리석은 사람을 가르쳐서 깨우친다는 뜻으로 새로운 지식을 널리 알리는 데 목적을 두고 있어요.
1911년 5월 《소년》이 일본의 식민지 통치 기관이었던 총독부에 의해 강제로 발행이 정지되었어요.
1913년 최남선은 독자의 연령을 더 낮추어 《아이들 보이》라는 아동 잡지를 만들었어요. 이어 《색동저고리》라는 잡지도 만들었는데, 한 달에 두 번 발행하다가 강제로 폐간되고 말았습니다.

- 《어린이》

1923년 3월에 방정환이 《어린이》라는 잡지를 펴냈어요. 방정환은 아동 문학가로서, 처음으로 아이를 '어린이'라고 높여 불렀답니다. 그는 불우한 어린이들과 함께 울며 위로해 주었어요. 아동 문화 단체인 '색동회'를 만들어 소년 운동을 펼치기도 했지요. 1934년까지 발행된 《어린이》를 통해 많은 아동 문학가와 작품이 세상에 나오게 되었지요.

지식사전 어린이날

1919년 3·1 운동 이후 소년 소녀들을 잘 키우자는 의식이 싹트기 시작했어요. 1923년 방정환을 중심으로 어린이 문화 운동 단체 '색동회'가 결성되었어요. 어린이라는 말을 만든 방정환은 5월 1일을 어린이날로 정했어요. 어린이날은 1956년에 5월 5일로 바뀌었어요. 어린이날을 기념하는 노래도 있는데, 이 노래의 가사는 아동 문학가 윤석중이 지었습니다.

방정환

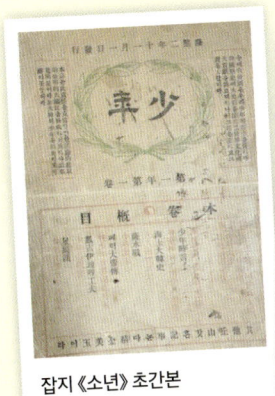
잡지 《소년》 초간본
© 연합뉴스

잡지 《어린이》
© 연합뉴스

잡지 《신소년》
© 한국잡지정보관

잡지 《아이 생활》
© 한국잡지정보관

• 《신소년》

《신소년》은 1923년 10월에 처음 발간되어 1934년 5월까지 오랜 기간 꾸준히 발행되었어요. 《신소년》은 총독부의 감시를 피해 우리 민족의 사상을 불어넣는 여러 기사를 실었어요. 1926년 1월에 소개된 기사에도 잘 드러나 있답니다. "개성의 옛사람들은 외국 사람이 하는 가게에서 물건을 사지 않는다. 비싸더라도 우리나라 사람이 파는 가게에서 사야 속이 후련하다."라며 일본에 대한 속마음을 드러냈어요.

• 《새 벗》

1925년 소년 소녀 잡지 《새 벗》이 세상에 나왔습니다. 《새 벗》은 다른 잡지에 비해 가격이 절반 정도 저렴했다고 해요. 그런 까닭에 많은 부수가 판매되었다고 합니다. 1926년 3월에는 기독교 아동 잡지 《아이 생활》, 1926년에는 《별나라》가 나왔어요. 《아이 생활》은 1944년 1월호까지 오랫동안 발행되었어요. 1936년에는 우리나라 최초의 그림 잡지 《유년》이 출간되기도 했어요.

동화와 동시 작품

1920년대에는 아동 잡지를 통해 어린이를 위한 동화와 시 작품이 나왔습니다. 그러면서 아동 문학은 점차 활기를 띠기 시작했지요. 아동 문학가들은 다양한 주제를 담은 작품들을 써서 책으로 펴냈어요. 1924년 엄필진의 《조선동요집》, 1926년에 《조선동화대집》이 출간되었지요. 1934년 《신가정》이라는 여성 잡지에는 어머니가 아이에게 읽어 주는 《특선 전래 동화》가 연재되었어요.

2장

첫 번째 전쟁

* **국민학교** 초등학교를 이전에 부르던 말

공습이 날마다 계속되자 흉흉한 소문이 돌았습니다.

* **방공호** 적의 항공기, 대포, 미사일 등의 공격을 피하기 위해 땅속에 파 놓은 굴이나 구덩이

* 피난 전쟁 등 재난을 피해 멀리 옮겨 감

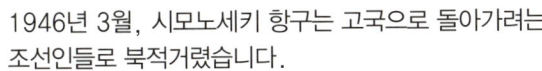

일제 강점기의 아동 문학

우리나라 아동 문학이 싹트는 당시 상황은 일제 강점기였어요. 일본의 통치 아래 힘든 시기였지만 어린이의 고운 심성을 어루만지는 이야기와 노래들이 나왔지요. 그 속에는 따뜻한 우리 민족의 정서가 담겨 있어요.

개구리네 한솥밥

교사 재직 시절 백석

〈개구리네 한솥밥〉은 시인 백석이 쓴 동화 시입니다. 1956년 북한에서 발표되었던 동화 시집 《집게네 네 형제》에 수록된 작품이에요. 아동 문학에 관심이 깊었던 백석은 이야기가 있는 동시를 지었어요. 고향이 평안북도 정주인 백석은 시와 동화에서 평안도 방언과 옛말을 즐겨 썼어요.

〈개구리네 한솥밥〉에 등장하는 주인공은 개구리입니다. 개구리가 쌀 한 말을 빌리러 서울에 있는 형네 집에 가는 길에 반딧불이, 장수하늘소, 방아깨비, 소시랑게, 쇠똥구리를 만났어요. 이 작품은 다 함께 힘을 합쳐 밥 한 끼를 푸짐하게 차려 내는 지혜가 담긴 따스한 이야기입니다.

섬 집 아기

〈섬 집 아기〉는 시인 한인현의 동시입니다. 자장가로 잘 알려진 이 동시는 1946년에 출간된 동시집 《민들레》에 실린 작품입니다. 1950년 《소학생》이라는 아동 잡지에 실리면서 널리 알려졌어요. 〈섬 집 아기〉는 바닷가 마을을 배경으로 집에 혼자 남아 일하러 간 엄마를 기다리는 아기의 모습을 그렸습니다. 굴 바구니를 다 채우지 못하고 아기가 기다리는 집으로 달려오는 엄마의 모습에서 애틋한 정이 느껴집니다.

 지식사전 **1920년대 문화 통치**

1919년 3월 1일 우리 민족은 일본으로부터 조선 독립을 외치며 만세 운동을 일으켰어요. 무력으로 통치하던 일본은 조선의 전통과 문화를 존중하는 방식으로 다스리겠다고 선언했는데, 이를 문화 통치라고 해요. 신문을 발행하고 책을 출간하도록 허가하며 언론의 자유를 보장했지만 제한을 두었지요. 결국 일본은 다시 조선의 문화를 감시하며 언론과 출판을 검열하고 탄압했어요. 이후 조선에서는 우리 민족의 앞날을 책임질 어린이들을 잘 가르치자는 움직임이 일기 시작했어요.

몰라쟁이 엄마

<몰라쟁이 엄마>는 소설가 이태준이 쓴 동화입니다. 어린 나이에 부모님이 세상을 떠난 이태준은 친척 집에서 힘겹게 지내면서도 공부를 게을리하지 않았어요. 가난하고 어렵게 사는 아이들 이야기를 동화로 썼는데, 1946년 북한에 간 이후로 그의 소식은 전해지지 않습니다.

<몰라쟁이 엄마>의 주인공은 '노마'라는 꼬마입니다. 노마는 궁금한 게 생길 때면 엄마에게 묻고 또 물어요. 엄마는 답이 막힐 때면 "몰라."라고 말해요. 그런 엄마에게 노마가 "엄마는 몰라쟁이"라고 떼를 쓰지요. 순수한 아이의 모습이 웃음을 자아내고 공감을 불러일으키는 작품입니다.

이태준

따오기

동요 <따오기> 노래비 ⓒ 시흥 시청 제공

<따오기>는 아동 문학가 한정동의 동시로, 1925년 신춘문예 당선작입니다. 세상을 떠난 어머니를 그리워하면서 슬픔을 되새기는 내용이지요. 작곡가 윤극영이 이 동시에 곡을 붙여 만든 동요는 지금까지도 사랑을 받고 있어요. 당시 우리나라는 부모님을 잃고 지내는 아이들이 많았어요. 동시로 아이들의 서러움을 달래고 위로해 주었지요. 1926년 잡지 《어린이》에 실린 <갈잎피리>라는 동시도 서러운 감정을 불러일으켜요.

퐁당퐁당

시인 윤석중은 잡지 《어린이》에 <오뚜기>라는 동시를 발표해 일찌감치 재능을 인정받았어요. 윤석중은 두 살 때 어머니를 여의고 외할머니 손에서 자랐어요. 그는 6·25 전쟁 중에 가족을 잃었지만, 밝고 천진한 동심을 담은 동시를 지었어요. 그의 작품에 등장하는 아이들은 잘 자고 잘 먹고, 잘 뛰어놀았습니다. 1927년에 쓴 동시 <퐁당퐁당>은 누나에게 장난치고 싶은 개구쟁이가 등장해요. 슬프고 답답한 현실 속에서도 어린이답게 생각하고 장난치길 바라는 윤석중의 마음이 담겨 있어요.

윤석중 ⓒ 연합뉴스

3장

전쟁 속에서 자라나는 아이들

통합 지식 플러스 3

권정생과 함께한 사람들

권정생은 가족과 떨어져 혼자 살았어요. 가난 속에서 병과 씨름했지만 외롭지만은 않았어요. 그의 곁에 마음을 알아주는 친구들이 있었기 때문이지요. 권정생이 고단한 삶 속에서도 아름다운 동화를 쓸 수 있도록 같이 아파하고 고민을 나눈 친구들은 누구일까요?

아동 문학가 이오덕

일직 교회를 배경으로 서 있는 이오덕(왼쪽)과 권정생(오른쪽) ⓒ 권정생 어린이 문화 재단

이오덕은 초등학교 교사이자 아동 문학가입니다. 아이들에게 좋은 책을 읽히기 위해 아동 문학 평론을 시작했어요. 우리말과 글을 아끼고 가꾸는 데 힘을 쏟았던 그는 《우리말 바로 쓰기》, 《우리 문장 쓰기》와 같은 책을 썼어요. 1973년 1월 28일 이오덕은 신춘문예에 당선된 권정생의 동화 〈무명저고리와 엄마〉를 읽고 깊은 감명을 받아 권정생을 찾아갔어요.

이오덕이 다녀간 후 권정생은 감사의 마음을 담아 편지를 보냈어요. 두 사람은 30년간 아름다운 편지로 마음을 나누었지요. 이오덕은 권정생의 동화를 누구보다 귀하게 여기고 "눈물과 피를 찍어 쓴 동화"라고 말했어요. 이오덕은 권정생의 동화를 세상에 알리고 책으로 펴내기 위해 애썼답니다.

최완택 목사

최완택 목사는 '민들레 교회'라는 작은 교회를 이끌었어요. 그는 1970년대부터 환경 문제에 관심을 기울였어요. '한국 공해 문제 연구소'와 '한국 교회 환경 연구소', '기독교 환경 운동 연대'에서 활동하며 환경 운동을 꾸준히 펼쳤답니다. 자동차나 휴대 전화를 사용하지 않으며 환경을 지키는 일을 몸소 실천했어요. 최완택 목사가 생명을 아끼는 마음가짐과 실천하는 태도는 권정생의 삶과 비슷한 점이 많았어요. 두 사람은 그런 점에서

민들레 교회의 최완택 목사 ⓒ 권정생 어린이 문화 재단

마음이 잘 통했답니다.

최완택 목사는 '민들레 교회 이야기'라는 주보를 손수 만들었어요. 권정생이 일직 교회 문간방에서 지낸 이야기를 쓴 동화 〈도토리 예배당 종지기 아저씨〉를 여기에 연재했지요. 또 권정생의 장편 소설 〈한티재 하늘〉도 이 주보에 처음 연재를 시작했어요.

정호경 신부

정호경은 농부가 된 신부입니다. 농민과 같이 지내며 농민 운동을 하고 환경 운동을 하다가 스스로 농부가 되었어요. 경상북도 봉화군 비나리에 4년에 걸쳐 직접 오두막을 짓고 살았습니다. 그곳에서 20여 년간 밭농사를 하며 매실나무를 가꾸었지요. 평생을 가난한 이들과 온갖 생명을 사랑하며 비움과 나눔을 실천했어요. 권정생은 동화 〈비나리 달이네 집〉에서 정호경 신부의 삶을 담아냈어요.

정호경 신부(왼쪽)와 권정생(오른쪽) ⓒ 권정생 어린이 문화 재단

〈비나리 달이네 집〉의 주인공 달이는 다리가 세 개뿐인 강아지입니다. 주인아저씨가 통나무집을 짓는 사이 혼자 다니다가 덫에 걸려 다리를 잃었지요. 이 동화는 깊은 산골에서 달이와 주인아저씨가 서로를 위해 주며 오순도순 사는 정겨운 모습을 보여 주었어요.

박연철 변호사

박연철 변호사는 권정생의 동화 〈하느님의 눈물〉을 읽고 깊은 감명을 받아 권정생에게 편지를 썼어요. 1년 후 권정생의 집에 들러 하룻밤을 묵으며 이야기를 나누기도 했습니다. 권정생은 유언장에 "박철연 변호사는 민주 변호사로 알려졌지만 어려운 사람과 함께 살려고 애쓰는 보통 사람이다."라고 표현했어요. 권정생이 세상을 떠난 후 남긴 재산은 10억 원이 넘었고, 매년 적지 않은 돈이 인세로 들어왔어요. 최완택 목사, 정호경 신부, 박연철 변호사는 이 돈으로 어린이 문화 재단을 만들어 어려운 아이들을 도왔어요.

4장

먹고살기 위해 고향을 떠나다

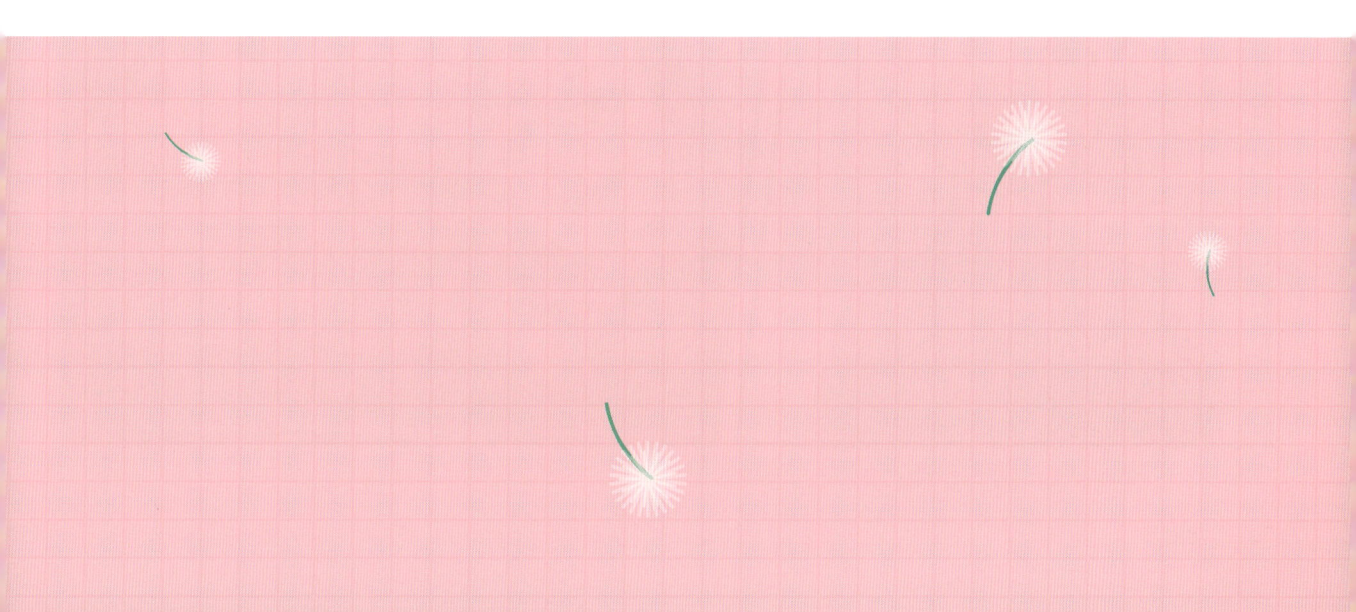

* **재봉틀** 바느질을 하는 기계

통합 지식 플러스 4

권정생 어린이 문화 재단

권정생의 뜻과 정신을 기리기 위해 2008년 '권정생 어린이 문화 재단'이 만들어졌어요. 문화 재단을 세우는 데는 그의 친구들이 힘을 모았습니다. 최완택 목사, 정호경 신부, 박연철 변호사가 뜻을 같이했지요. 재단의 활동을 살펴보며 권정생이 우리에게 남긴 발자취를 찾아볼까요?

권정생 동화 나라

2014년 9월 경상북도 안동시에 '권정생 동화 나라'가 문을 열었습니다. 권정생 동화 나라는 폐교를 고쳐 새롭게 꾸몄어요. 이곳에서 권정생의 삶과 문학 정신을 느낄 수 있도록 교육, 전시, 공연을 선보이고 있습니다. 권정생 동화 나라는 아이들이 떠난 폐교에 활기를 불어넣고 있어요.

1층에는 권정생의 유품을 볼 수 있는 전시관과 동화책을 판매하는 도서관, 체험관 등이 마련되어 있습니다. 전시관에는 유언장, 원고지에 직접 손으로 쓴 동화, 낡은 고무신, 쓰다 버린 비료 포대를 나뭇가지에 끼워 만든 부채, 동화를 쓰던 작은 밥상 등이 진열되어 있어요. 손때 묻은 유품에서 평생 검소하게 살았던 권정생의 모습을 느낄 수 있답니다. 2층에는 작가들이 생활하며 작품을 쓰는 공간과 강당이 있습니다.

권정생 동화 나라 앞마당에 있는 조형물 ⓒ 연합뉴스

- 문학 기행 프로그램

권정생 동화 나라는 어린이들의 생생한 체험을 위해 문학 기행 프로그램을 운영하고 있어요. 문학 기행이란 문학 작품의 배경이 되는 장소를 찾아가는 여행을 말해요. 권정생 동화 나라에서는 〈몽실 언니〉와 〈한티재 하늘〉의 배경이 되는 지역을 찾아가 체험하고 있어요. 문학 기행에 참여하려면 먼저 작품을 읽어야 해요. 작품 속 주인공의 이야기를 따라 장소를 보면 당시 시대 배경과 주인공이 처한 상황을 깊게 이해할 수 있어요.

권정생 동화 나라 전경 ⓒ 연합뉴스

권정생 동화 나라 전시실에 재현된 권정생의 방 ⓒ 연합뉴스

권정생의 유품 중 하나인 현판 ⓒ 권정생 어린이 문화 재단

권정생 어린이 문화 재단의 사업

권정생 어린이 문화 재단은 고통받고 소외된 어린이들을 지원하는 다양한 사업을 펼치고 있습니다. 권정생의 문학 작품 속에서 잘게 부서져 민들레꽃을 피운 강아지똥과, 멀리 날아가 별처럼 고운 꽃이 된 민들레씨처럼 그 뜻을 이어받아 활동합니다.

• 북한 어린이에게 먹을거리 보내기

가장 먼저 따뜻한 마음을 전한 곳은 북한입니다. 북한의 어린이를 살펴 주라는 권정생의 당부를 지키기 위해서였지요. 2009년 '북녘에 나무 보내기 운동 본부'와 손을 잡고 평양 어린이 사과 농장 돕기 사업에 참여했으며, 어린이 결핵 환자들을 지원하고 있어요.

2014년에는 어린아이들이 먹을 분유와 우유를 보냈어요. 또한 북한에서도 가장 열악한 지역으로 알려진 함경북도 북부의 온성군 지역 유치원에 급식을 지원하고 있습니다.

• 국내 소외 지역 공부방, 도서 지원

국내에 소외된 지역의 어린이들도 지원하고 있어요. 매년 도시와 지역 아동 센터, 공부방 등을 선정해 권정생 도서와 추천 아동 문고 등 100여 권이 넘는 도서를 지원하고 있어요.

• 분쟁 지역 지원

도움의 손길은 지구촌 분쟁 지역까지 닿고 있어요. 레바논 최대의 팔레스타인 난민촌 '아인 알 할훼'에 설립된 자이투나 나눔 문화 학교에 지원금을 보냈어요. 100여 명의 난민촌 아이들이 희망을 키우며 학교에 다니고 있지요. 권정생 어린이 문화 재단은 미얀마와 태국 국경 지역 메솟의 난민도 돕고 있어요.

5장

병들어 떠도는 삶

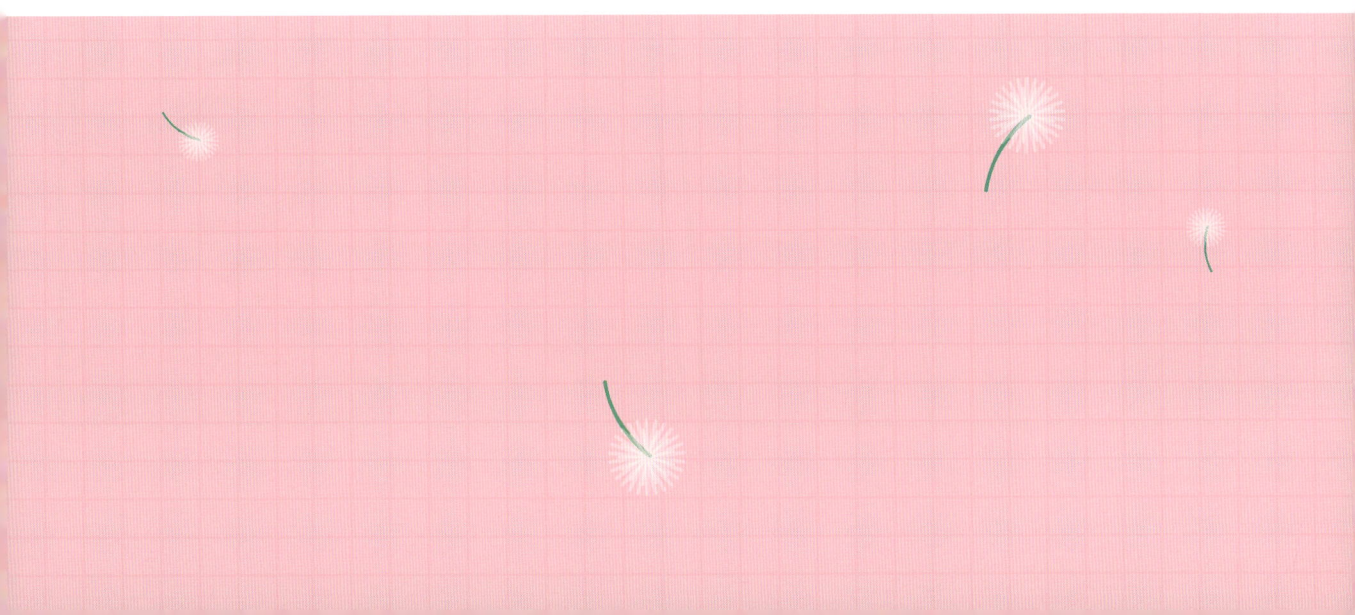

아들이 쓰러졌다는 소식을 들은 어머니는 권정생을 찾으러 부산으로 달려왔습니다.

권정생은 어머니와 함께 고향에 돌아왔지만 이미 결핵이 신장까지 퍼진 상태였습니다.

어머니는 병에 좋다고 하는 건 무엇이든 해 주었습니다. 산에 가서 약초를 캐 오고, 개구리를 잡아 달였습니다.

나 때문에 어머니가 새벽부터 고생하고 계셔.

윽! 또 화장실에 갈 때가 되었구나!

권정생은 밤낮으로 10분에 한 번씩 화장실에 가야 했는데, 혈액이 섞인 소변을 보는 게 너무나 고통스러웠습니다.

가족들 깨지 않게 조용히…….

어머니, 저는 왜 이렇게 못났을까요. 가족에게 짐만 되고.

* **삼베 치마** 권정생이 초등학교 시절부터 틈틈이 써 온 동시 98편을 모은 동시집

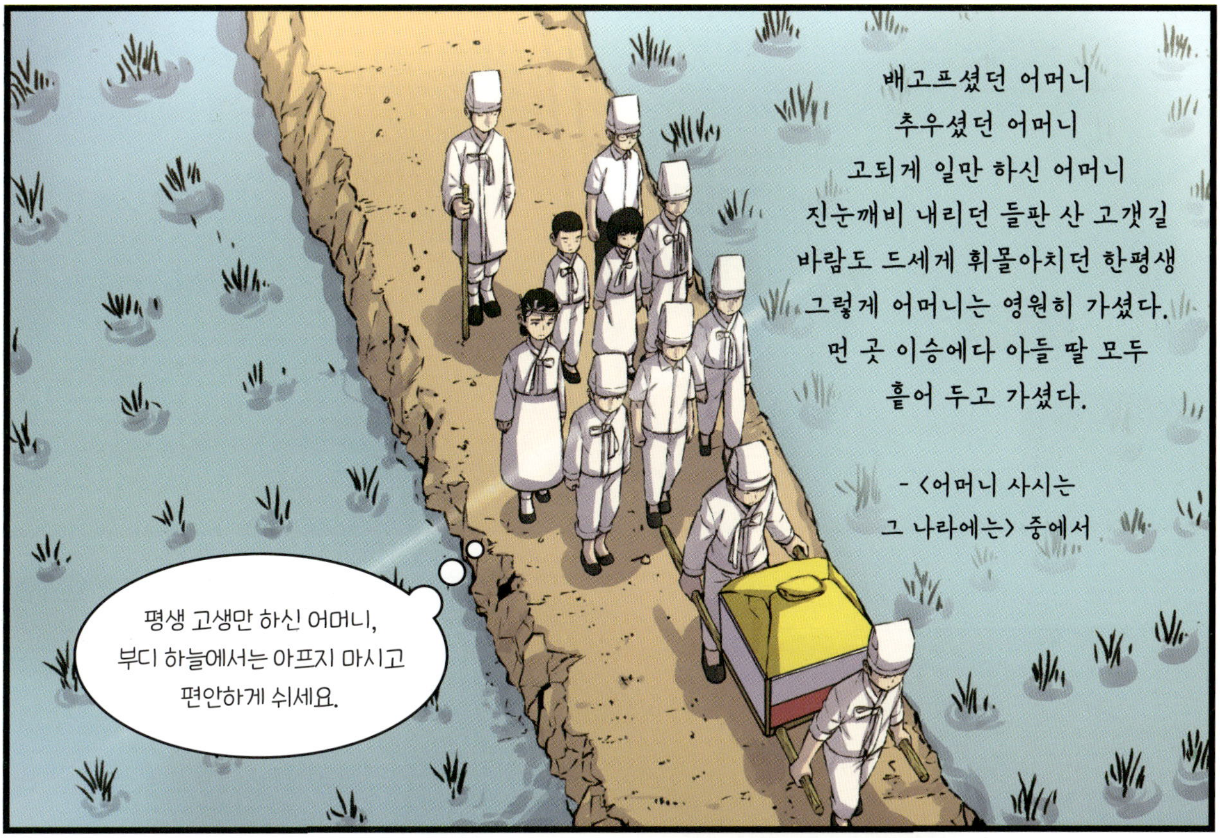

배고프셨던 어머니
추우셨던 어머니
고되게 일만 하신 어머니
진눈깨비 내리던 들판 산 고갯길
바람도 드세게 휘몰아치던 한평생
그렇게 어머니는 영원히 가셨다.
먼 곳 이승에다 아들 딸 모두
흩어 두고 가셨다.

- <어머니 사시는
그 나라에는> 중에서

평생 고생만 하신 어머니, 부디 하늘에서는 아프지 마시고 편안하게 쉬세요.

어머니의 죽음 때문인지, 권정생의 건강은 다시 급격히 나빠졌습니다.

콜록

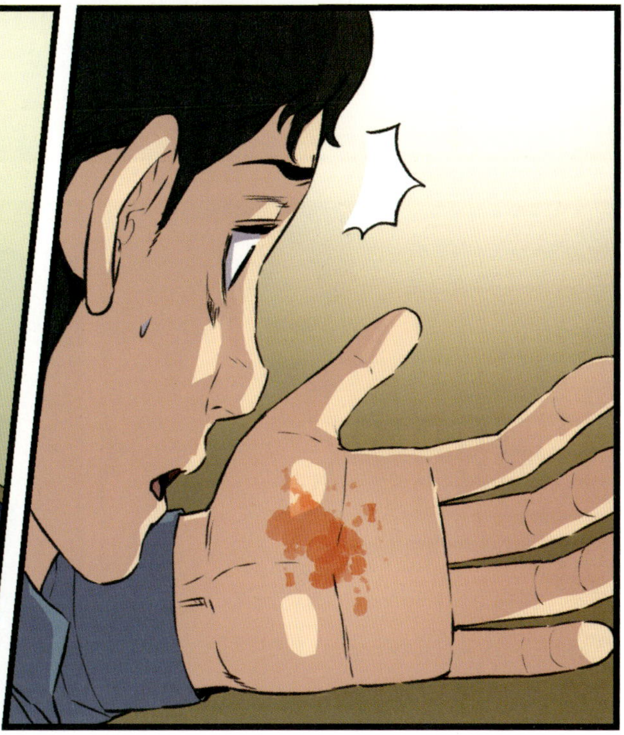

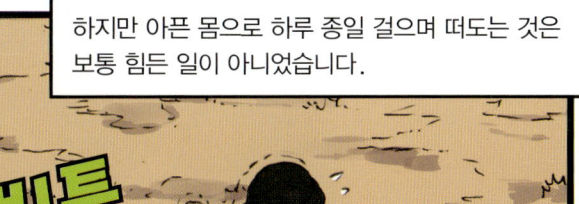

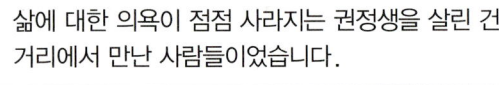

통합 지식 플러스 5

권정생의 삶과 문학

권정생은 소박하고 검소하게 살았어요. 혼자 공부하고 몸소 부딪히면서 가장 낮은 곳에 있는 생명들이 내는 목소리에 귀를 기울였지요. 민들레꽃 한 송이, 강아지똥마저도 소중하게 여긴 권정생. 그는 어떤 마음가짐으로 동화를 썼을까요?

생명 존중과 쓸모 있음

권정생의 동화에는 생명을 존중하는 마음이 담겨 있어요. 쓸모없는 것이라도 귀한 가치가 있다는 교훈을 깨우쳐 주지요. 권정생의 동화 속 주인공은 사람들이 하찮게 여기는 것들이에요. 강아지똥, 벙어리, 바보, 거지, 외로운 노인, 지렁이, 구렁이 등 누구 하나 거들떠보지 않는 존재들이지요. 하지만 동화 〈강아지똥〉에서 작가는 모든 것은 쓸모 있다고 말하고 있어요. "하느님은 쓸데없는 물건은 하나도 만들지 않으셨어. 너도 꼭 무엇에인가 귀하게 쓰일 거야."

구리 전선을 잘라 만든 집게로 빨래를 너는 모습 ⓒ 권정생 어린이 문화 재단

자연과 인간이 함께하는 삶

권정생이 기르던 개 ⓒ 권정생 어린이 문화 재단

권정생은 안동 일직 교회 문간방에 살면서 새벽종을 치고 동화를 썼습니다. 겨울이 되면 생쥐들이 이불 속에 들어와 잤다고 해요. 처음에는 놀라기도 했는데, 같이 지내다 보니 생쥐들과 정이 들어 내쫓지 않았답니다. 그는 생쥐들이 먹을 옥수수를 걸어 둘 정도로 생명을 귀하게 여겼어요.

"개구리든 생쥐든 메뚜기든 굼벵이든 같은 햇빛 아래 같은 공기와 물을 마시며 고통도 슬픔도 겪으면서 살다 죽는 게 아닌가. 나는 그래서 황금 덩이보다 강아지똥이 더 귀한 것을 알았고 외롭지 않게 되었다."

소박하고 따뜻한 심성

권정생의 동화 속 주인공은 소박하고 따뜻한 심성을 간직하고 있어요. 권정생은 구석으로 밀려나 소외받지만 실망하지 않고 꿋꿋이 살아가는 사람들의 이야기를 썼어요.

그가 겪은 일, 주위 사람들이 동화의 원천이 되었어요. 권정생이 고구마 가게 점원으로 일할 때였어요. 한 아주머니가 꼬깃꼬깃 접힌 돈을 내밀며 예전에 물건을 샀는데, 장이 붐비는 바람에 돈을 안 내고 그냥 갔다는 거예요. 그날 이후 거칠고 주름진 아주머니의 손이 그의 머릿속에 남았고, 이 착한 아주머니는 권정생의 동화 속에 자주 등장했지요.

일직 교회 문간방 앞에서 ⓒ 권정생 어린이 문화 재단

평화를 바라는 마음

권정생은 끔찍한 전쟁을 두 번이나 겪었어요. 많은 사람이 죽었고, 나라는 잿더미가 되었어요. 어른들이 저지른 실수로 어린이들이 고통받게 되지 않기를 바랐어요. 가난하고 부족해서 불편하더라도 다투지 않고 다 같이 평화롭게 살기를 바랐어요.

권정생은 가끔 어린이들에게 너무 슬픈 이야기만 쓰지 말아 달라는 편지를 받았다고 해요. 그가 어둡고 슬픈 전쟁 이야기를 들려주는 이유는 무엇일까요? 어린이들이 끔찍한 전쟁을 두 번 다시 겪지 않기를 바라는 마음이었어요. 그래서 어린이들에게 전쟁의 참모습을 생생하게 알려 주었던 거예요.

주일 학교 교사 활동 모습
ⓒ 권정생 어린이 문화 재단

어린이를 사랑한 권정생

권정생은 사랑하는 마음으로 어린이를 관심 있게 지켜보았어요. 병든 몸이지만 어린이를 위한 이야기를 썼어요. 그의 동화가 신문에 실리고 유명해지자, 신문 기자들이 몰려들었는데 잘 만나 주지 않았다고 해요.

하지만 마을 아이들은 환영했어요. 동화책을 빌리러 찾아오는 아이들에게 문을 활짝 열어 주었지요. 마을에서 뛰노는 아이들을 만나면 이런저런 이야기를 스스럼없이 나누기도 했지요. 그는 아이들의 천진한 표정을 보면서 한없이 기뻐했답니다.

6장

세상을 깨우는 종소리

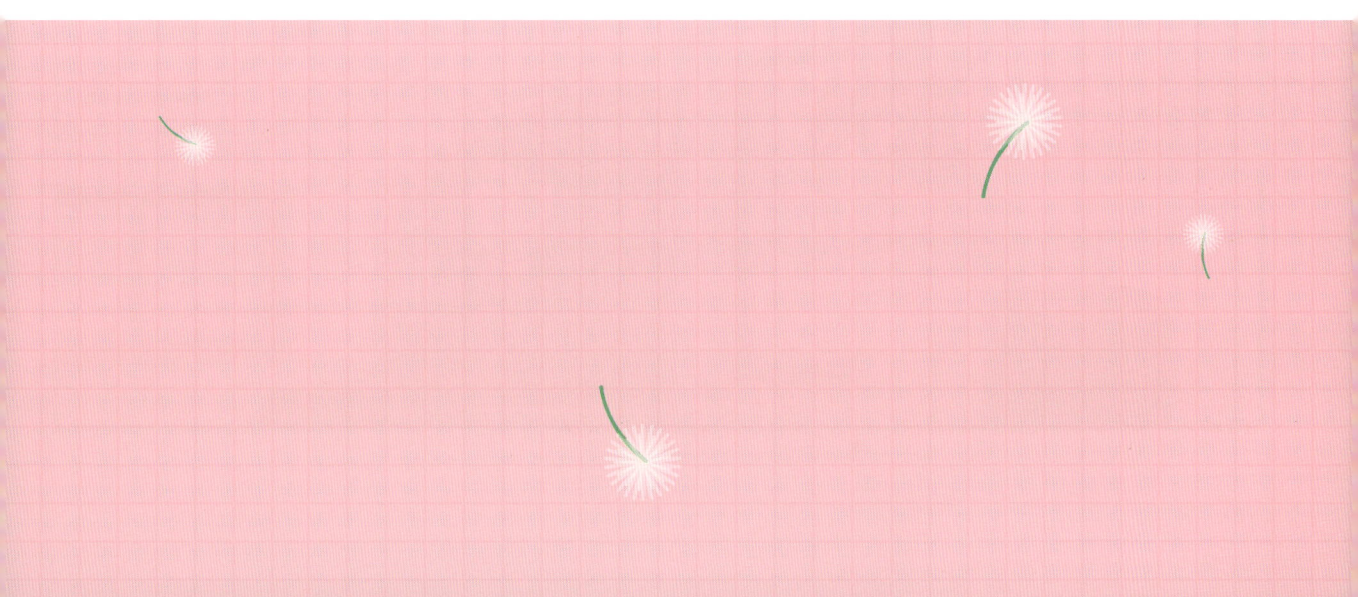

곧이어 하나둘 마을 사람들이 바삐 움직였습니다.

허허, 그게 제 이름 맞습니다.

강아지똥 선생님, 꼭 만나 보고 싶어요! 이런 이야기를 써 주셔서 고맙습니다.

나는 개똥을 보면 맨날 더럽고 냄새 난다고 그랬는데, 동화를 보고 마음이 바뀌었어요. 이제 개똥을 봐도 발로 차지 않을 거예요.

처음에는 강아지똥이 무시를 당해서 속상했는데, 마지막에 강아지똥이 행복해져서 좋아요.

애야, 내가 더 고맙다. 나 같은 사람이 쓴 글을 좋아해 주다니!

권정생은 그동안 살아온 이야기를 들려주었습니다. 서로를 존경하던 두 아동 문학가는 금세 친구가 되었습니다.

통합 지식 플러스 6

권정생의 대표 작품

권정생은 전쟁으로 어려움을 겪은 가족과 이웃들의 애잔한 모습을 작품에 담았어요. 권정생의 대표 작품을 통해 슬픔 속에서도 희망을 잃지 않았던 사람들의 이야기를 살펴볼까요?

랑랑별 때때롱

〈랑랑별 때때롱〉은 2005년 12월부터 어린이 잡지 《개똥이네 놀이터》에 연재를 시작했습니다. 언젠가 북한의 어린이들이 볼 수 있기를 바라는 간절한 소망을 담아 써 내려간 장편 동화입니다.

자그마한 별 랑랑별에는 때때롱과 동생 매매롱이 살고 있었어요. 둘은 지구별에 사는 초등학생 새달이, 동생 마달이를 초대했어요. 그들은 500년 전 랑랑별로 떠났어요. 그곳에는 최고의 유전자만 모아서 만들어 낸 보탈이라는 아이가 있었답니다. 잘생기고 똑똑한 보탈은 웬일인지 행복해 보이지 않았어요. 새달이와 마달이는 기계와 기술이 대신할 수 없는 생명의 원리를 깨닫게 되었지요.

500년 후 때때롱과 매매롱이 사는 랑랑별은 어떤 모습일까요? 초롱불을 켜고 반찬도 딱 세 가지만 먹으며 소박하게 살고 있었어요. 권정생이 마지막으로 완성한 동화 〈랑랑별 때때롱〉에는 그가 바라는 평화로운 세상이 그려져 있어요.

엄마 까투리

경북도 문화 콘텐츠 진흥원 입구의 〈엄마 까투리〉 동상 © 연합뉴스

애니메이션 〈엄마 까투리〉 캐릭터 버스 © 연합뉴스

〈엄마 까투리〉는 권정생이 죽음을 앞두고 써서 2007년에 펴낸 그림책입니다. 큰 산불이 난 와중에 새끼 아홉 마리를 지켜 내는 엄마 까투리가 주인공입니다. 새끼들을 품어 끌어안고 재가 되어 버린 엄마 까투리의 모습이 감동적인 이야기예요. 새끼들이 자라서도 엄마 냄새가 배어 있는 곳을 잊지 못하는 모습은 인상 깊어요.

〈엄마 까투리〉는 2011년 6월 극장판 애니메이션 영화로 나왔어요. 이어 EBS에서 TV 애니메이션으로도 만들어졌습니다. 2016년 8월 〈엄마 까투리〉 시즌 1이 시작되었으며 2020년 시즌 3이 방영되었어요. TV 애니메이션 속 이야기에서는 호기심 많은 꺼벙이(새끼 꿩)를 자상하게 돌보는 엄마 까투리를 만날 수 있답니다.

몽실 언니

권정생 동화 나라 앞마당의 〈몽실 언니〉 조형물 ⓒ 연합뉴스

동화 〈몽실 언니〉는 1984년 작품입니다. 해방 이후 6·25 전쟁을 겪으면서 사회와 가정이 무너지는 모습이 고스란히 담겨 있지요. 주인공 몽실의 어머니는 가난을 이기지 못하고 재혼했어요. 동생이 태어나자, 새아버지에게 구박을 받던 몽실은 다리마저 못 쓰게 되었답니다. 하지만 몽실이는 절망하지 않습니다. 어머니와 아버지를 원망하지 않고 따스한 정을 품고 살아가는 몽실의 모습에서 어린이는 물론 어른들도 큰 용기를 얻었어요. 〈몽실 언니〉는 1990년 TV 드라마로 만들어졌어요. 동화가 주말극으로 제작된 것은 최초였습니다. 드라마 〈몽실 언니〉는 많이 사람에게 화제가 되었는데, 그해 연말 시상식에서 몽실이 역을 맡은 어린이 배우가 특별상을 받을 만큼 큰 인기를 누렸답니다.

강아지똥

〈강아지똥〉은 2003년 애니메이션으로도 제작되었어요. 찰흙과 지점토로 형태를 빚어 촬영하는 클레이 기법으로 만들었지요. 강아지똥 캐릭터와 목소리, 음악 등이 좋은 평가를 받았습니다. 이 작품은 미국, 일본, 중국, 유럽 등에 수출도 되었어요. 일본의 도쿄 국제 애니메이션 페스티벌과 이탈리아 카툰스 온 더 베이 애니메이션 영화제에서는 최우수 작품상을 받았답니다. 애니메이션 〈강아지똥〉이 탄생했을 때 권정생은 기뻐하며 아이들에게 즐거움과 감동을 주는 일을 환영했다고 해요. 이후 〈강아지똥〉은 연극, 발레로도 제작되었어요.

권정생 동화 나라 앞마당의 〈강아지똥〉 조형물 ⓒ 연합뉴스

지식사전 빌뱅이 언덕

1983년 마을 청년들이 지어 준 두 칸 오두막집이 있는 곳이에요. 마을에서 가장 후미진 곳으로 하천이 흐르는 곳과 가까이에 있어 번지도 없는 집이었어요. 주소 대신 '빌뱅이 언덕'이라는 이름만 있었지만 집배원이 편지를 전해 주고, 권정생을 좋아하는 많은 사람들이 찾아왔어요.

빌뱅이 언덕의 권정생이 살던 집 ⓒ 연합뉴스

7장

아동 문학가 권정생

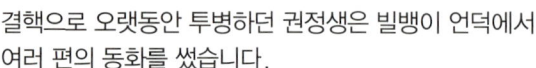

이제 정말 마지막이 다가오는 걸까?

그래. 처음엔 2년밖에 살 수 없다고 했는데 벌써 40년 가까이 살았으니.

시간이 흐를수록 권정생은 세상을 떠날 날이 가까워졌다는 걸 느꼈습니다.

헉…… 헉. 하루가 다르게 몸을 움직이기가 힘들어지는구나.

권정생의 *영결식에는 평소 그의 작품을 사랑했던 작가와 독자들이 전국에서 모여들었습니다.

권정생 선생님은 평소에 어떤 분이셨나요?

참 소박하셨죠. 평생 옷 한 벌과 고무신 한 켤레로 살았으니까요.

항상 마을 어린이들에게 친절하셨어요. 아이들이 잘 따르기도 했고요.

무분별하게 마을을 개발하는 일에는 앞장서서 반대하기도 하셨어요.

* **영결식** 장례식을 치르기 전에 죽은 사람을 영원히 떠나보낸다는 뜻으로 행하는 의식

권정생의 유언장에는 평소 어린이를 사랑하고 힘없는 이들을 생각하는 마음이 고스란히 담겨 있었습니다.

내가 쓴 모든 책은 어린이들이 사서 읽는 것이니
책으로 번 돈은 어린이에게 되돌려 주는 것이 마땅할 것이다.

제 통장이 정리되면 북쪽의 굶주리는 아이들에게 보내 주세요.
제발 그만 싸우고, 그만 미워하고
따뜻하게 통일이 되어 함께 살도록 해 주세요.
중동, 아프리카, 티베트 아이들에게 기도 많이 해 주세요.
- 유언장 중에서

아동 문학가 권정생, 일본 도쿄의 빈민가에서 태어난 소년이 작가가 되기까지 많은 어려움이 있었습니다.

두 번의 전쟁과 지독한 가난, 떠돌이 생활, 평생을 따라다닌 병의 고통…….

권정생은 병들고 가난한 삶이 꾸며지는 것을 원치 않았습니다. 그저 남들보다 적게 갖고 조금 먹는 게 편안한 삶이라 생각했기 때문입니다.

생각해 보기

권정생 이야기, 모두 재미있게 읽었죠?

책을 읽고 난 후에는 '생각해 보기'를 통해

책의 내용을 되새기고 머릿속 생각을 정리해 보세요.

권정생과 조금 더 가까워질 수 있을 거예요.

모두 준비됐죠?

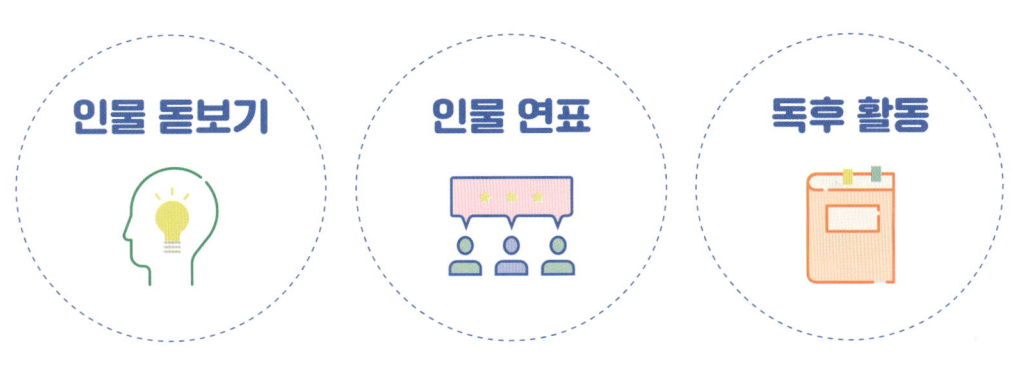

인물 돋보기 — 전쟁 없는 평화로운 세상을 꿈꾼 권정생

전쟁의 소용돌이에 휘말린 권정생

권정생은 한국 아동 문학에 큰 발자취를 남겼어요. 2007년 71세의 나이로 세상을 떠나기 전까지 100여 편이나 되는 동화를 썼답니다. 그 많은 작품을 쓰기까지 그가 걸어온 길은 평탄하지 않았어요. 그는 일본 도쿄 시부야에서 태어나 어린 시절에 제2차 세계 대전과 6·25 전쟁을 겪었어요. 공습과 폭격 속에서 성장하며 전쟁의 불안과 공포가 그의 가슴에 파고들었습니다.

전쟁의 상처와 병마 속에서 찾은 희망

전쟁이 끝난 후 우리나라는 잿더미가 되었어요. 그는 가난과 굶주림에 시달리면서도 전교 1등을 할 만큼 공부에 대한 의지가 강했어요. 가족과 떨어져 부산에서 재봉틀 가게 점원, 서점 직원으로 일하며 중학교에 입학할 학비를 모았습니다. 그러던 중 스무 살에 결핵을 앓고 늑막염에 걸리고 말았지요.

어머니에게 이끌려 고향으로 돌아온 권정생은 잠을 자지 못할 정도로 통증이 심해졌습니다. 결핵은 폐에서 신장과 방광으로 퍼져 나갔고, 어머니는 그를 정성껏 간호했어요. 권정생은 몸이 점점 회복되자 근처 교회에서 아이들을 가르치며 희망을 가지게 되었어요.

세상에 이야기를 남기고픈 소망

부모님이 세상을 떠나고 떠돌이 생활을 하며 그의 병은 더욱더 심해졌어요. 결국 신장과 방광을 들어내고 소변 주머니를 다는 수술을 받았어요. 앞으로 2년 정도 살 수 있다는 의사의 말을 듣고, 교회 문간방에 들어가 혼자 살기 시작했어요. 병들어 죽어 가는 자신이 하찮게 느껴져 누군가의 짐이 되기를 바라지 않았지요.

새벽마다 교회의 종을 치며 지내던 어느 날, 권정생은 종소리를 듣고 깨어나 움직이는 사람들을 보았어요. 그리고 아직 내가 할 수 있는 일이 있다는 것을 깨달았지요. 병든 몸이지만 꼭 하고 싶은 일이 생긴 권정생은 이야기를 써서 세상에 남기기로 마음먹었어요.

✓ 어렸을 때부터 꿈꿔 온 문학

그는 어린 시절 아버지가 주워 온 책을 읽고 문학에 대한 꿈을 키웠어요. 《이솝 우화》, 《그림 형제 동화집》, 《행복한 왕자》 같은 동화책을 읽고 마음에 새겼지요. 열다섯 살 무렵부터 틈틈이 동시를 쓰기도 했어요. 열아홉 살에는 청소년 잡지 《학원》에 아동 소설 〈여선생〉을 응모했어요. 권정생은 절망 가운데서도 문학에 대한 열정을 접지 않고 꾸준히 글을 써 나갔어요.

✓ 어린이를 사랑하는 마음

1968년부터 주일 학교 교사로 봉사하던 일직 교회 문간방에 살며 종지기로 일했어요. 이곳에서 글을 쓰며 아이들에게 동화를 읽어 주고, 아이들과 인형극을 올리기도 했어요. 전깃불도 들어오지 않고 텔레비전도 없는 어린이들에게 특별한 재밋거리가 되었지요.
이즈음 〈깜둥바가지 아줌마〉와 〈파리가 날아간 푸른 하늘〉을 써서 신춘문예에 응모했지만 떨어졌어요. 포기하지 않고 계속 글을 쓴 결과 〈강아지똥〉으로 '제1회 기독교 아동 문학상'을 수상하며 동화 작가가 되었답니다.

✓ 한국 아동 문학에 남긴 발자취

권정생은 어린 시절 몸소 겪은 전쟁을 동화에 담아냈어요. 전쟁으로 아파한 가족과 이웃을 기억했지요. 불안과 공포 속에 가난하게 살았던 이웃의 모습을 따스하게 바라보았어요. 전쟁의 참혹함을 생생하게 기록하며 가난과 폭력이 없는 평화로운 세상을 글에 담았어요. 또한 소외받는 농촌 어린이의 마음을 어루만지는 동화를 써서 세상에 알렸습니다.
2007년 5월 세상을 떠나며 북쪽의 아이들을 위해 유산을 써 달라는 유언을 남겼어요. 유언에 따라 2008년 권정생 어린이 문화 재단이 세워졌어요. 재단은 권정생의 뜻을 이어받아 평양 어린이 사과 농장 돕기, 북한 결핵 환자에게 치료 약 보내기, 북한 함경북도 북부의 온성군 지역 유치원에 급식 지원하기 사업을 펼쳤어요. 어린이를 사랑하고 생명을 존중하며 평화를 바랐던 그의 뜻은 계속 이어지고 있답니다.

인물 연표

1937년
- 일본 도쿄 시부야에서 5남 2녀 중 여섯째로 출생

1945년(9세)
- 일본의 강제 점령으로부터 조선 해방

1946년(10세)
- 봄에 한국으로 귀국

1950년(14세)
- 6·25 전쟁 발발과 피난 생활

1953년(17세)
- 일직 국민학교를 수석으로 졸업
- 안동 읍내의 고구마 가게 점원으로 취직

1954년(18세)
- 가족과 떨어져 부산에서 생활

1955년(19세)
- 부산의 재봉틀 가게에 취직
- 청소년 월간 잡지 《학원》 '독자 문예란'에 동화 〈여선생〉 가작 당선

1956년(20세)
- 폐결핵과 늑막염 진단

1957년(21세)
- 어머니와 안동으로 귀향

1963년(27세)
- 일직 교회 주일 학교에서 교사로 봉사

1964년(28세)
- 직접 쓴 동시 98편을 모아 《삼베 치마》라는 동시집 제작
- 어머니 별세

1965년(29세)
- 대구, 김천, 상주, 점촌 등에서 떠돌이 생활을 하다가 귀가
- 아버지 별세

1966년(30세)
- 6월 한쪽 신장을 떼어 내는 수술을 함
- 12월 방광을 들어내고 소변 주머니를 다는 수술을 함

- **1975년(39세)**
  - 〈금복이네 자두나무〉로 제1회 한국 아동 문학상 수상

- **1974년(38세)**
  - 첫 단편 동화집 《강아지똥》 출간

- **1972년(36세)**
  - 〈무명저고리와 엄마〉 신춘문예에 당선
  - 아동 문학가 이오덕이 권정생의 집을 방문
  - 이오덕과 30년간 우정을 나누며 편지 교환

- **1971년(35세)**
  - 동화 〈아기양의 그림자 딸랑이〉 신춘문예 가작으로 당선

- **1969년(33세)**
  - 동화 〈강아지똥〉 월간 《기독교 교육》의 제1회 기독교 아동 문학상에 당선

- **1968년(32세)**
  - 일직 교회 문간방에 살기 시작

- **1983년(47세)**
  - 빌뱅이 언덕 아래 오두막집으로 이사

- **1984년(48세)**
  - 〈몽실 언니〉 출간, 문화공보부 추천 도서로 선정

- **1990년(54세)**
  - MBC-TV에서 36부작 드라마로 〈몽실 언니〉 방영
  - 〈점득이네〉 출간

- **2005년(69세)**
  - 인세 관리를 부탁하는 유언장 작성
  - 동화 〈랑랑별 때때롱〉 어린이 잡지 《개똥이네 놀이터》에 연재

- **2007년(71세)**
  - 3월 북쪽 어린이를 돕겠다는 마지막 유언장 작성
  - 5월 대구 가톨릭 대학 병원에서 별세

독후 활동 1 — 모두가 평화로운 세상을 위해

권정생은 가난하고 아픈 삶을 살면서도 모두가 평화로운 세상을 꿈꿨습니다. 중요한 것을 지키며 살아가면 모두 함께 평화롭게 살 수 있다고 생각했어요. 그 바람을 담아 어린이에게 올바른 마음가짐을 심어 주는 동화를 썼답니다. 권정생이 중요하게 생각한 것은 무엇일까요? 여러분은 무엇을 지키며 살고 싶나요?

✅ 권정생이 살아가면서 중요하게 생각한 것

1. 생명은 소중하다.
"길을 걸으면서, 하늘을 쳐다보면서, 나는 거기서 존재하고 있는 생명들에게 사랑을 느낍니다." 〈강아지똥〉 수상 소감처럼 그는 사람의 생명과 풀 한 포기, 강아지똥까지도 애정 어린 시선으로 바라봤어요.

2. 모든 생명은 그 자체로 쓸모와 가치가 있다.
권정생은 마음의 눈으로 생명을 바라봤어요. 화려한 겉모습에 이끌리지 않고 내면에 담긴 쓸모와 가치를 보려고 노력했습니다. 강아지똥마저도 거름으로써 가치와 쓸모가 있다는 것을 깨달았지요.

3. 모든 생명은 함께 살아가는 존재이다.
권정생은 모든 생명은 더불어 살아가는 존재라는 것을 일깨웠어요. 강아지똥이 거름이 되어 민들레꽃을 피운 것처럼 그는 어린이들의 마음에 거름이 되어 함께하고자 했어요. 병으로 고통받는 중에도 어린이에게 올바른 마음가짐을 심어 주는 동화를 쓰기 위해 평생 노력했어요.

4. 인간은 자연의 주인이 아니다.
권정생은 인간의 편리함을 위해 자연을 훼손하는 것을 반대했어요. 인간을 자연의 주인이 아닌 일부분으로 보았기 때문입니다. 그는 자연을 지키고 가꾸는 것을 몸소 실천했어요. 생활에 필요한 물건을 사는 것도 가능한 삼갔어요. 못 쓰는 전선으로 빨래집게를 만들고, 비료 포대로 부채를 만들어 쓸 만큼 검소했지요.

5. 전쟁 없는 평화로운 세상을 바라다.
권정생은 어린 나이에 두 번이나 전쟁을 겪으며 전쟁이 없는 평화로운 삶을 꿈꿨습니다. 그 꿈을 이루고자 전쟁 속에서 살아간 사람들의 이야기를 쓰게 되었어요. 힘들고 어렵게 살아가는 사람들이 희망을 잃지 않고 올바르게 살아가길 바라는 마음을 작품에 담았습니다.

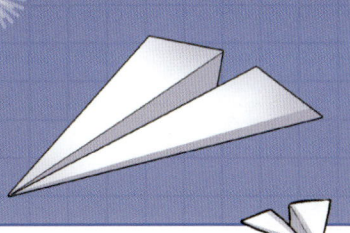

> **예시** 내가 살아가면서 중요하게 생각하는 것
>
> 1. 자연 환경을 소중하게 생각하고 보호한다.
> 2. 부모님, 친구, 나와의 약속은 반드시 지킨다.
> 3. 용돈을 저금해서 어려운 이웃을 돕는다.
> 4. 과소비를 하지 않고 음식을 남기지 않는다.
> 5. 침대와 책상 등 자기 주변은 스스로 정리한다.

1.

2.

3.

4.

5.

독후 활동 2

아동 문학가가 하는 일

Q 아동 문학이란?

A 아동 문학은 어린이를 독자로 하는 문학 작품을 말해요. 문학이란 언어로 인간과 사회의 모습을 예술적으로 표현하는 것을 뜻하지요. 아동 문학은 어린이뿐만 아니라 동심을 느끼고 싶은 어른들도 읽는답니다. 어린이와 어른이 함께 읽으며 감동을 느낄 수 있어요.

Q 아동 문학은 어떤 종류가 있나요?

A 내용과 형식에 따라 여러 갈래로 나눌 수 있어요. 동요, 동시, 동화, 아동 소설, 아동극 등이 포함되어요. 동시는 어린이가 쓰거나 어린이를 대상으로 쓴 시를 말해요. 동시를 읽으면 노래를 부르는 느낌이 들지요. 짧은 문장을 리듬감 있게 표현하기 때문이에요. 동시에 멜로디를 붙여 만든 게 바로 동요랍니다. 윤석중 시인이 지은 동요 〈달맞이〉, 〈반달〉, 〈우산 셋이〉 등은 지금까지도 즐겨 불려요.

형식에 제한이 없는 동화와 아동 소설은 있음직한 이야기를 상상하여 쓴 글입니다. 동화는 옛날부터 전해 오는 이야기인 '전래 동화'와 작가가 상상해서 지은 '창작 동화'로 나눌 수 있어요.

Q 아동 문학가는 어떤 일을 하나요?

A 아동 문학가란 어린이를 위한 아동 문학을 쓰는 사람이에요. 아동 문학가는 어린이와 같은 마음을 지니고 어린이가 이해할 수 있는 문장을 써서 동심의 세계를 그려 내는 일을 한답니다. 아동 문학가라면 기억해야 할 것이 있어요. 글로 교육적인 내용을 전하는 것도 중요하지만 어린이의 꿈을 키우고 흥미를 끌 수 있는 주제와 내용을 표현해야 해요.

Q 아동 문학가가 되려면 어떻게 해야 하나요?

A 무엇보다 책을 많이 읽는 게 중요해요. 그리고 말과 글을 잘 쓰고 다듬을 줄 알아야 해요. 자신의 생각과 느낌을 글로 생생하게 표현할 수 있어야 하지요. 머릿속에 떠오르는 이야기를 꾸준하게 써 보는 연습이 필요해요. 아동 문학가는 어른이 되어야만 할 수 있는 것이 아니에요. 《안네의 일기》를 쓴 안네 프랑크는 열세 살 때부터 일기를 쓰기 시작했어요.

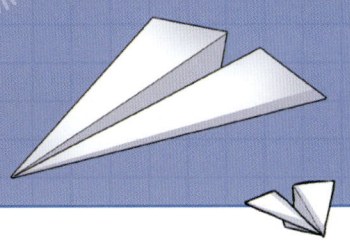

작가가 되는 데에는 여러 방법이 있습니다. 대학에서 문예 창작이나 극작을 전공하면 문학에 대해 자세히 공부할 수 있어요. 또 신문사, 출판사 등에서 주최하는 공모전에 작품을 보낼 수도 있어요. 요즘에는 온라인 플랫폼에 글을 직접 올려서 작가로 활동할 수도 있고 출판사에 원고를 보내 계약을 맺고 책을 출간할 수도 있어요.

Q 아동 문학가가 되기 전에 생각해 보아야 할 것은?

A 아동 문학가는 가슴속에 하고 싶은 이야기가 있어야 해요. 그 이야기를 누군가에게 들려주고 싶은 마음이 있다면 누구나 아동 문학가가 될 수 있어요. 어린이들에게 재미와 감동을 주는 작품을 쓰는 것은 상상만 해도 즐거운 일이에요. 아동 문학가가 되기 위해서는 동심을 잃지 않고 어린이의 세계를 이해하려는 마음가짐이 필요해요. 훌륭한 문학 작품을 찾아서 읽으면 좋은 작품을 쓸 수 있는 바탕이 될 거예요.

아동 문학가가 된다면 어떤 작품을 쓰고 싶나요?

아동 문학가가 되려면 무엇을 해야 할까요?

독후 활동 3 — 권정생에게 보내는 편지

권정생은 평생 어린이를 아끼고 사랑했어요. 그의 동화에는 하루하루를 힘겹게 살아가는 가난한 어린이가 많이 등장해요. 어린이들에게 위로가 되고, 용기를 북돋아 주는 따스한 이야기를 썼지요. 작품이 사랑을 받으면서 권정생이라는 작가도 유명해졌어요. 그렇지만 변함없이 자그마한 오두막집에서 살며 겨우 10만 원 남짓한 생활비로 지냈어요. 빨래집게조차도 구리 전선을 잘라서 만들어 쓸 만큼 검소하게 생활했지요. 대신 주변의 가난한 어린이와 이웃들에게 선행을 베풀었답니다. 가난하지만 평화롭게 더불어 사는 것을 몸소 실천한 것이지요.

만약 여러분이 권정생이라면 이렇게 할 수 있었을까요? 나라면 어떻게 했을지 생각해 보세요. 권정생에게 하고 싶은 말이 있다면 편지로 써 보세요. 아동 문학가가 되고 싶은 자신의 바람을 적어도 좋아요.

권정생 선생님께

독후 활동 4 — 미리 써 보는 마지막 편지

권정생은 세상을 떠나며 10억 원이 넘는 인세를 남겼어요. 인세는 출판사가 작가에게 책이 팔리는 수량에 따라 지불하는 돈을 말해요. 지금도 그의 책에서 인세가 나온다고 해요.

2005년, 권정생은 최완택 목사, 정호경 신부, 박연철 변호사에게 재산과 인세 관리를 부탁하는 유언장을 썼어요. 유언장이란 세상을 떠나기 전에 하고 싶은 말이나, 자신의 생각, 부탁하는 내용을 적은 글이에요. 세상을 떠나기 한 달 전, 그는 정호경 신부에게 다시 한번 마지막 말을 남겼어요. 자신의 재산과 인세를 북쪽의 가난한 어린이들을 위해 써 달라고 당부했어요.

> **권정생의 마지막 편지**
>
> "제 예금 통장이 다 정리되면 나머지는 북쪽 굶주리는 아이들에게 보내 주세요.
> 제발 그만 싸우고, 그만 미워하고 따뜻하게 통일이 되어 함께 살도록 해 주십시오.
> 중동, 아프리카 그리고 티베트 아이들은 앞으로 어떻게 하지요. 기도 많이 해 주세요."
>
> 2007년 3월 31일 오후 6시 10분

만약 여러분이 마지막 편지를 쓴다면 어떤 내용을 담고 싶은가요? 내가 가장 소중하게 여기는 것은 무엇인지 생각해 보고, 세상에 남기고 싶은 말은 무엇인지 써 보세요.

_____의 마지막 편지

독후 활동 5 — 내가 강아지똥이라면?

동화 〈강아지똥〉은 천덕꾸러기 강아지똥이 거름이 되어 별처럼 고운 민들레꽃을 피우는 이야기예요. 모두에게 무시당하던 강아지똥은 슬펐어요. 스스로 보잘것없는 존재라고 여기기도 했어요. 하지만 슬퍼하고만 있지는 않았답니다. '어떻게 하면 착하게 살 수 있을까?' 생각했지요. 그리고 마침내 민들레 새싹의 거름이 되어 노란 민들레꽃을 피웠어요.

여러분이 강아지똥이 되었다고 상상해 보세요. 모두 나를 무시하고 놀려요. 똥 중에 가장 더러운 똥이라며 나를 피해요. 이럴 때 나는 어떤 심정일까요? 나를 깔보는 이들에게 뭐라고 말할까요? 견디기 힘든 상황에서 다시 일어날 수 있도록 용기를 북돋아 주는 말을 해 볼까요? 아래 빈칸을 채워 보세요.

내가 〈몽실 언니〉의 작가라면?

〈몽실 언니〉 속 주인공 몽실은 새아버지에게 구박을 받고, 다리까지 못 쓰게 되었어요. 집에서 쫓겨나 친어머니와 헤어지고 식모살이를 하며 혼자 동생을 키우고 살았지요. 전쟁에서 돌아온 친아버지와 같이 살 수 있었지만 부상을 입은 아버지 대신 구걸을 해서 가족을 먹여 살려야 했습니다.

몽실은 6·25 전쟁으로 가정이 무너지는 아픔을 겪고 가난해진다는 것을 알았어요. 그래서 엄마, 아빠를 용서하고, 고난을 견뎌 내며 동생을 따스한 마음으로 품을 수 있었답니다.

여러분이 주인공 몽실이라고 생각해 보세요. 엄마, 아빠와 함께 살지 못하게 된다면 어떤 심정일까요? 우리가 몽실의 행복을 빌어 주는 건 어떨까요? 여러분이 작가가 되어 몽실의 행복한 뒷이야기를 지어 보세요.

 스페셜

권정생

초판 1쇄 발행 2021년 10월 15일
초판 2쇄 발행 2023년 6월 13일

글 다인·이준범 그림 주영휘 정보글 서연주 표지화 손정호
펴낸이 김선식

경영총괄이사 김은영
어린이사업부총괄이사 이유남
책임편집 송여진 디자인 남정임 책임마케터 최민용
어린이콘텐츠사업1팀장 최인수 어린이콘텐츠사업1팀 송여진 강푸른 마정훈
어린이디자인팀 남희정 남정임 김은지 이정아
마케팅본부장 권장규 마케팅5팀 최민용 안호성 박상준 송지은
미디어홍보본부장 정명찬 브랜드관리팀 문윤정 이예주
저작권팀 한승빈 이슬
재무관리팀 하미선 윤이경 김재경 안혜선 이보람
인사총무팀 강미숙 김혜진 지석배 박예찬 황종원
제작관리팀 이소현 최완규 이지우 김소영 김진경 양지환
물류관리팀 김형기 김선진 한유현 전태환 전태연 양문현 최창우

펴낸곳 다산북스 출판등록 2005년 12월 23일 제313-2005-00277호
주소 경기도 파주시 회동길 490 전화 02-703-1724 팩스 02-703-2219
다산어린이 카페 cafe.naver.com/dasankids 다산어린이 블로그 blog.naver.com/stdasan
용지 IPP 인쇄 갑우문화사 후가공 평창피앤지 제본 대원바인더리

ISBN 979-11-306-4114-0 14990

+ 책값은 표지 뒤쪽에 있습니다.
+ 파본은 본사와 구입하신 서점에서 교환해 드립니다.
+ 이 책은 저작권법에 의하여 보호를 받는 저작물이므로 무단 전재와 복제를 금합니다.
+ 이 책에 실린 사진의 출처는 위키피디아, 연합뉴스, 권정생 어린이 문화 재단,
  한국잡지정보관, 시흥 시청 등입니다.

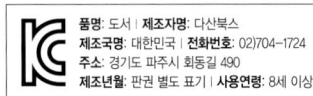